ベトナム  のまちごはん

バインミー

はさんでおいしいレシピ **53**　有我エリ

はじめに

　私は現在、神奈川県の鎌倉で「エリぱんの旅するバインミー」という名のバインミーと自家製パンの
お店をひとりで経営しています。

　「どこそこの〇〇がおいしいらしい」と聞くと食べに行くような家で育ったおかげで、子どもの頃から食
いしん坊でした。（それらは今でいうB級グルメ的なものでしたが。笑）
　食べる専門で仕事にするとは思っていなかったのですが、気がつけば管理栄養士の資格をとって食
の世界にいました。そして、パン好きが高じてフランスへパン留学。さらに「フランス占領下にあったベ
トナムでもパンを食べてみたい」と思って行ったベトナムで、バインミーに出会いました。フランスで食
べたサンドイッチもおいしかったけれど、バインミーの、アジア人のDNAに訴えかけてくるような、何と
も親しみやすいおいしさに大きな衝撃を受けたことを今でも覚えています。

　ベトナムだけでなく、日本国内でもよくバインミーの食べ歩きをするのですが、お店によって具の種
類、パンの味、バランスそれぞれ個性があるものの、総じて全部おいしい！　そして、おいしいだけでな
く、肉も野菜もバランスよくとれて栄養面でも素晴らしい！　こんなすごいサンドイッチを、もっと多くの
人に食べてもらいたいと思ってきました。
　とはいえ、私がはじめてベトナムでバインミーを食べた頃に比べたら、SNSなどのおかげでバイン
ミーの知名度はあがったものの、バインミーが食べられるお店はまだまだ少ないようです。
　それならば、ぜひ自分で作ってみていただきたい！　と思ってこの本を作りました。
　ほかのサンドイッチと大きく違う点が「パン」なので、家庭で作りやすいパンのレシピも紹介しました。
もちろん市販のパンを使って十分おいしく作れます（13ページでおすすめのパンを紹介しています）。

　この本を作るにあたり、新たなメニューを考え、試作していく過程は、「これはちょっと無理があるか
な?」と思ったものがびっくりするくらいおいしかったりして、新たな発見の連続でした。ワクワクのつ
まった一冊になったと思います。
　レシピを見ただけでは、「えー、これ、本当にバインミーにして大丈夫なの?」というものほど、ぜひ試
していただきたいです。そしてこの本のレシピ以外でも、普段のごはんで何かおかずが残ったら、それ
もぜひバインミーにしてみてください。きっと新たな発見があると思います。

Contents

第1章
まずは簡単
お手軽に

第2章
もっと本格!
現地の味

Photo: Darya Romanova

第 3 章

バインミーで
世界旅行

第 4 章

甘～い
おやつバインミー

バインミーって？

バインミーとはベトナム語で「パン」という意味です。

パンはベトナムがフランス治下にあった時代にフランスから持ち込まれました。当時のベトナムは貧しかったために、少ない小麦で大きく焼くふわりと軽いパンになったそうです。当初、パンは料理に添えるスタイルでしたが、忙しい労働者がさっと食べるために具材をはさむようになったのが今のバインミーの原型です。今ではベトナムでも世界でも、バインミーといえばソフトフランスパンに具材をはさんだサンドイッチを指すようになりました。

バインミー店を経営していると、よくバインミーの定義をきかれます。「メインの具」に「なます」「パクチー」がはさまったもの、と説明していますが、実はベトナムではバインミーはこうでなきゃダメ、という定義はありません。地方やお店によってパンの大きさや形が違ったり、具もいろいろだったりと、そのバリエーションは無限です。たとえば、港町ハイフォンにはレバーパテだけの細長いバインミーがあります。必ずしもなますやパクチーが入っているというわけではないのです（日本でも、いまやおにぎりの定義をひとことで表すのが難しいのと同じかもしれませんね）。最近では炭の入った黒いパンのバインミーが流行したこともありました。ただ、どこのお店や屋台でも、作りおきはせずにお客の注文をうけてから作るのは共通しています。

ホーチミンで人気のバインミー屋さんは、夕方の4時にオープンし、たちまち行列ができます。お客がバイクに乗ったまま大量のバインミーを買っていく様子も衝撃的でした。ブンタウの路地の屋台では夜10時過ぎなのに行列ができていましたし、ホイアンにはアメリカの有名なシェフが世界一おいしいバインミーと称したお店があり、常に観光客が行列を作っています。

どんな時にバインミーを食べるのかベトナムの人に聞いたところ、「いつでも！」とのこと。ベトナムのバインミーのパンは、見た目は大きいですがとっても軽いのでぺろりと食べられます。朝食として、ランチとして、またおやつや夜食としても重宝されているようです。

2011年の3月24日にオックスフォード英語辞典にバインミーが登録され、この日は「バインミーの日」となりました。また、2014年にはアメリカの大手旅行ガイド『Fodor's Travel』で「世界一おいしいサンドイッチ」に選ばれるなど、アメリカを中心にバインミーは認知度が高まっています。この先も、ベトナムのみならず世界中でさまざまな進化を遂げそうなバインミーです。

絶対おいしい！
3つの ✦黄金✦ ルール

私たちがバインミーをこんなにおいしいと感じるのは、どうしてなのでしょう。
それをじっくり考えてみたら、バインミーがおいしくなる3つのルールがありました。

黄金ルール
その1 ◎ メインは
甘辛味にすべし！

　まずは、バインミーのメインの具の味つけは甘辛に。「甘じょっぱい味」というのは、日本人、広くはアジア人のDNAに組み込まれたおいしい記憶ではないかと思うのです。

　日本の家庭料理では、煮物などの甘辛のおかずをメインに漬物などを組みあわせるスタイルが主流です。その日本の食文化は、バインミーの「甘辛のメイン具材＋甘酸っぱいなます」という組みあわせに相通じるものがあり、これが日本人である私を感動させた所以ではないかと思っています。

　ベトナムではベトナムしょうゆ（日本のものよりも塩味がおだやか）、ヌクマム、砂糖などを使って肉や野菜を焼いたり、煮たり、炒めたり、たれをつくったりしています。そのほかの調味料とあわせるときも、ベトナム料理は砂糖をよく使う傾向があります。この甘辛味は老若男女問わず日本人の嗜好に合うはずだと確信しています。

→ 10 ページへ

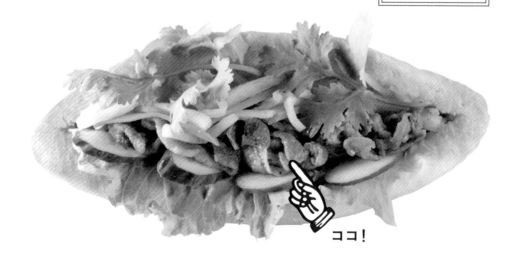

ココ！

ココ!

黄金ルール

その2 ◎ 歯切れのいい パンを使うべし！

　バインミーに使われているベトナムのパンは、ふんわりしていながら表面の皮は薄く、さくっとしています。その大きな特徴は「歯切れのよさ」です。形はフランスパンですが、本場のフランスパンのようなもっちりとした食感ではなく、さくっとかみ切れるのが特徴です。

　この歯切れのよさのおかげで、具だくさんにしてもするすると食べられます。「フランスの」フランスパンでサンドイッチにした場合はパンも具も味わう感じですが、バインミーのパンはあくまでも具材を一度に食べるために包む「皮」のような役割を持っていると思うのです。

　なので、私はバインミーのパンを選ぶ際には、この「歯切れのよさ」を優先しています。この本では、歯切れのよいパンを自分で焼くレシピも、家庭で作りやすい形でご紹介していますが、作るのが大変な場合は、もっちりしたフランスパンを使うよりは、フォカッチャやドッグパンなどのほうがバインミーに合うと思っています。

→12 ページへ

ココ!

黄金ルール

その3 ◎ なますでさっぱり させるべし！

　現地ベトナムでは、バインミーはこうでなきゃいけない！　という決まりはないのですが、この本で紹介しているレシピ（一部のメニューとおやつは除く）に欠かせないのが「大根とにんじんの酢漬けのなます」です。

　はじめてバインミーを食べた時に驚いたことのひとつが、日本でもなじみのあるなますが入っていること。現地のバインミーにも定番のメニューにはほぼ入っているのですが、これがまた実にいい仕事をしているのです。メインの具材がしっかりした甘辛味のものが多いので、このなますが入るとさっぱりとして味のバランスがぐっとよくなります。

　大根、にんじんの切り方はお店によっていろいろです。波刃の包丁で太めに切ってあったり、細くきざんであったり。私のお店でも、当初は波刃包丁で太めに切っていたのですが、お客さんから「細い方が食べやすい」とのご意見があり、現在の太さになっています。

　ベトナムでもなますは、バインミー以外にも肉料理や揚げ春巻などのつけあわせとして添えられることが多い、なじみのある一品です。

→16 ページへ

ココ!

◎ メインは甘辛味にすべし!

絶対おいしい甘辛味の具材、何にしようか迷ったら、
まずはぜひこのメニューから作ってみてください。
現地ベトナムでも、鎌倉の私の店でも、大人気のメニューを
焼き肉のたれで簡単に作ります。
ヌクマムと黒こしょうを少し加えることで、ぐっとベトナム味になります。

簡単!

基 本 の 甘 辛 豚 焼 き 肉

◉ **材料 2本分相当**

豚もも肉または肩ロース肉（スライス）　150ｇ

A 市販の焼き肉のたれ　大さじ2
　 ヌクマム　小さじ½

黒こしょう　少々
油　適量

◉ **メモ**

ヌクマムがない場合は、同じ分量の
焼き肉のたれを追加してください。

◉ **作り方**

1.

ボウルにAを入れて混ぜ、豚肉を入れてからめる。
そのまま10分ほどおく。

→

2.

フライパンに油を熱し、1を入れ、中火で炒める。

↓

3.

火が通ったら、仕上げに黒こしょうをふる。

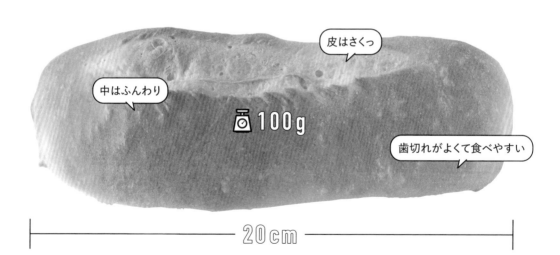

黄金ルール

その2

ココ！

◎ 歯切れのいいパンを使うべし！

バインミーに使うパンは「歯切れのよさ」が命！
自分で焼いてもよし、市販のパンを使ってもよし。
バインミーに合う私のおススメ市販品と、
家庭のオーブンを使って焼くレシピとをご紹介します。

基本のバインミーパン

私のお店で出しているバインミーパンです。
14ページでご紹介するレシピは、
このパンを家庭のオーブンで焼けるようにアレンジしました。

皮はさくっ

中はふんわり

100g

歯切れがよくて食べやすい

20cm

おススメの市販のパン

皮がしっかりとして弾力があるバゲットなどのフランスパンは、
おいしいのですがたっぷり具をはさむバインミーにはやや不向き。
歯切れのよいこれらのパンが私のおススメです。

※サイズは著者計測。

カスクートフランス（タカキベーカリー）

食感はもちろんのこと、あらかじめ切り目が入っていて使いやすさ抜群。
この本のレシピページの写真は、このパンを使用しています。

80g

18cm

カスクートフランス（スライス入り）
4個入り

スーパーやネットショップにて購入可能
https://www.takaki-bakery.co.jp/
product/variety/v25141.html

超熟フォカッチャ（Pasco）

フォカッチャなので、食感は少し異なりますが、トーストするとサクッと歯切
れがよくなります。半分の厚さにカットして具材をサンドしてみてください。

40g

12cm

超熟フォカッチャ
5個入り

全国のスーパーなどで購入可能
https://www.pasconet.co.jp/
chojuku/focaccia/

お手軽ホットロール（ヤマザキ）

甘みのある生地で子どもにも好評。トーストしなくてもおいしく食べられ
ます。上部中央の切り目に具材をサンドしてください。

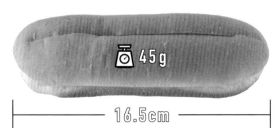

45g

16.5cm

お手軽ホットロール
5本入り

ネットスーパーなどで購入可能
そのほか他メーカーのドッグパン
でもおいしく作れます

自分でバインミーパン  を
焼いてみよう!

バインミーにぴったりのパンを自分で焼いてみませんか? 現地ベトナムのパン屋のレシピには米粉は使われていませんが、より一層、外はさっくり中はもっちりとした食感を出すために、私は米粉も加えます。フランスパンとは違う、歯切れのよいパンができあがります。

◎ 材料　5本分

A│ フランスパン用準強力粉[注]　185g
　│ パン用米粉　15g
　│ 塩　3g
　│ 砂糖　5g
　│ インスタントドライイースト　3g

ショートニング　4g
ぬるま湯（35℃くらい）　130ml

[注]私はリスドォル（日清製粉）を使っています。

◎ 作り方

1.

ボウルにAを入れて混ぜ、ぬるま湯を加えて、カードで粉っぽさがなくなるまで混ぜる。

2.

↓

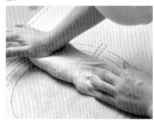

ボウルから台に出してなめらかになるまでこね、ショートニングを加えて、なじむまでさらにこねる。

3.

↓

生地をまるめてボウルに入れ、ラップをかけて室温で15分ほどおく。

◎ メモ

＊ スチーム機能のあるオーブンの場合は霧吹きの代わりに使ってください。
＊ オーブンの種類によって焼き時間は変わってきます。様子をみながら調整してください。
＊ 電気オーブンを使う場合、パンに高さが出にくい場合があります。

4.

パンチを入れてボウルに戻す。

↓

5.

ラップをかけて、オーブンの発酵機能の35℃で（夏場は室温で）約50分、発酵して生地が2〜3倍くらいの大きさにふくらむまでおく。

ふくらみの目安は、人差し指を生地にさしてみてしっかり穴が残るくらい。

↓

6.

ボウルから生地を取り出し、5等分に分割して丸め、ぬれぶきんをかけて10分ほどおく。

7.

↓

↓

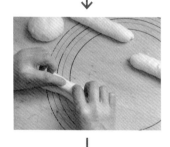

↓

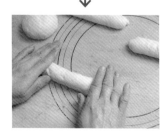

四角くのばした生地をまず3つ折りに。それを2つに折ってから転がして成形する。

8.

クッキングシートを敷いた天板に間隔をあけて並べる。

↓

9.

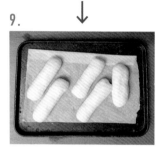

オーブンの発酵機能の40℃で約45〜60分、生地が2倍ほどの大きさになるまで発酵させる。

↓

10.

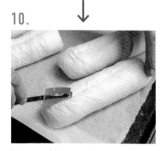

縦にクープ（切り込み）を入れる。

↓

11.

250℃に予熱したオーブンに入れ、オーブンの側面にたっぷり霧吹きをし、約10分〜15分焼き色がつくまで焼く。

ココ!

◎ なますでさっぱりさせるべし!

シャキシャキとした食感とさわやかな酸味が
バインミーのおいしさを引き立てる、陰の主役です!
作りおきしておくと、いつでもバインミーが作れますよ。

簡単!
基本のなます

◎ 材料　作りやすい分量

だいこん　¼本（200ｇ）
にんじん　⅓本（60ｇ）
酢　大さじ2
砂糖　大さじ1½
塩　ひとつまみ

◎ 作り方

1.

だいこん、にんじんは皮をむき、それぞれを長さ5㎝、厚さ3〜4㎜、幅2㎜
ほどの細切りにする。

↓

2.

塩をふってもみこみ、15分ほどおく。

↓

3.

出てきた水分を絞って砂糖と酢を加え、20分ほど
つける。

◎ メモ

密閉容器に入れて冷蔵庫で1週間程度保存可能です。
もし余ったら、普段の食事の箸休めや、カレーやガパオ
ライスなどエスニック料理のつけあわせとしてもおすす
めです。

＼ **もっと簡単に作るなら！** ／

市販のすし酢を
利用すれば、
さらに手軽に作れます。

◎ **材料**

基本のなますの調味料［酢、砂糖、塩］
を以下に置き換え
↓
すし酢　大さじ4
砂糖　小さじ2

◎ **作り方**

すし酢と砂糖を混ぜあわせ、細切り
にしただいこんとにんじんを10分
ほどつける。

切って、 塗って、 はさむだけ

工程はたったの3ステップ

具の準備さえできれば、バインミーはとっても簡単。切って、塗って、はさむだけ！
本書のバインミーの多くは、この3ステップで作っています。
違うポイントがあるレシピは、各ページに示してあるのでチェックしてくださいね。

Step① 切る

バインミーパンをトースターなどで軽く焼き、側面に切り目を入れる。
あらかじめ切り目の入っているパンを使う場合は、この工程が省けて楽。

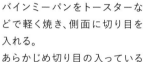
More Point!

ここは
切らずに
残す

切り目の入っていないパンを切る場合、切りはじめと切り終わりを少し残すようにすると、パンの端がポケット状になって具が出にくく、食べやすくなります。

Step② 塗る

パンの断面の下部分にバターを塗る。
からしやマスタードなどを塗るレシピの場合は、バターの上に重ねる。

Step ③ はさむ

レタスときゅうりをのせ、
マヨネーズを絞る。

メインの具材をのせ、チ
リソースをかける。辛い
ものが苦手な人は入れ
なくてもOK。

さらになますをのせ、好
みでパクチーをのせる。

＼ できあがり！ ／

19

この本の使い方

分量について

・大さじは15ml、小さじは5mlです。
・生姜1片は10g、にんにく1片は5〜10gが目安です。

調味料について

・油は、指定がない場合はサラダ油を使用してください。
・バターやマヨネーズなど、好みの分量でよい場合は適量としています。
・バターは有塩を使用しています。

より本場の味になる調味料

これらがあると、ぐっと現地の味に近づきます。
最近は入手できる場所も増えてきたので、ぜひ試してみてください！

ヌクマム

小魚と塩をつけこんで作る魚醤で、ベトナム料理で
は基本の調味料です。タイのナンプラーともよく似
ていますが、ヌクマムのほうが塩味がまろやかです。
ナンプラーで代用する場合は、分量を少し控えめに
するなど、調整してみてください。

チリソース

辛味に加えて、甘みや酸味、に
んにくの風味もきいたソース。
バインミーはもちろん、いろい
ろな料理にかけて楽しめます。

ベトナムで購入。
500ml入りで
たっぷり使える。

日本国内の
スーパーで購入。
180mlで
気軽に試せる。

ベトナムで購入。
現地の食卓では
おなじみの味。

比較的入手
しやすいタイ産の
シラチャーソース
でも代用可能。

日本国内でも
よく見かけるタイ産
のものも使えます。

シーズニングソース

大豆を発酵させた、しょうゆに似た調味料。しょう
ゆよりも甘みやうまみが濃厚です。手に入らない
場合はしょうゆで代用も可能ですが、砂糖やうま
み調味料を少しプラスすると近い味になります。

ベトナムで購入。
700ml入りの
ビッグサイズ。

第 1 章

まずは簡単
お手軽に

缶詰やレトルトなどの市販品やおそうざい、
ごはんのおかずの残りものなどを使えば
らくらく簡単に、おいしいバインミーが作れます。

ほろりと口の中で溶けてひろがる角煮のうまさを、
シャキシャキ食感の野菜がさっぱりとまとめます。
ビールのおともにもぜひ。

豚 の 角 煮 バインミー

◉ **材料 2本分**

バインミーパン　2本
豚の角煮(レトルトなど)　4〜6切れ(厚さ2mm程度)
なます(P.16参照)　60g
レタス(6等分にちぎる)　1枚分
きゅうり　ななめ薄切り6枚
練りからし　少々
バター　適量
マヨネーズ　適量
チリソース　適量
パクチー　適宜

◉ **作り方**

具を作る

1. レトルトの豚の角煮をパッケージの表示通りにあたためる。

パンにはさむ

P.18基本のはさみ方

* Step②で、バターを塗った上にからしを塗る。

* Step③で具をはさむ時、角煮のたれを入れすぎると水っぽくなるので、
  気をつけて。

角煮(トンポーロー)
[日本ハム]を
使いました。

さばは不飽和脂肪酸や鉄、ビタミンDなどが豊富で、
栄養面からみても魅力的な食材。
水煮ではなく、しょうゆ味やみそ味など甘辛い味がついたものがおすすめです。

さば缶バインミー

◉ **材料 2本分**

バインミーパン　2本
さば缶詰(みそ味またはしょうゆ味)　2/3缶(正味100g)
なます(P.16参照)　60g
レタス(6等分にちぎる)　1枚分
きゅうり　ななめ薄切り6枚
バター　適量
マヨネーズ　適量
チリソース　適量
パクチー　適宜

◉ **作り方**

具を作る
....
1. さば缶を開け、水けをきる。さばはあたためると
　 くさみが出てしまいがちなので、あたためずに使う。

パンにはさむ
....
P.18基本のはさみ方

さばみそ煮
[キョクヨー]を
使いました。

焼き鳥の香ばしい風味が食欲をそそります。
焼き鳥やさんのものはもちろん、缶詰だっておそうざいだってOK!
バインミー用に1本追加で買ってしまいましょう!

焼き鳥バインミー

◉ **材料 2本分**

バインミーパン　2本
焼き鳥缶詰(たれ味)　2缶
なます(P.16参照)　60g
レタス(6等分にちぎる)　1枚分
きゅうり　ななめ薄切り6枚
バター　適量
マヨネーズ　適量
チリソース　適量
パクチー　適宜

◉ **作り方**

具を作る

1. 焼き鳥缶を開け、汁けをきった鶏肉のみを耐熱容器に入れてラップをかける。

2. つまようじなどでラップに数か所穴をあけ、電子レンジで30秒ほどあたためる。

パンにはさむ

P.18基本のはさみ方

やきとり缶詰・たれ味
[ホテイフーズ]を
使いました。

低カロリー・高たんぱくで人気のサラダチキンは、
甘辛味ではないけれど、食欲がない時なども、なますの酸味とあいまって
さっぱりと食べられます。スモークタイプがおすすめ。

サラダチキンバインミー

◉ 材料 2本分

バインミーパン　2本
サラダチキン(市販品など)　80g
なます(P.16参照)　60g
レタス(6等分にちぎる)　1枚分
きゅうり　ななめ薄切り6枚
バター　適量
マヨネーズ　適量
チリソース　適量
パクチー　適宜

◉ 作り方

具を作る

1. サラダチキンを1〜2mm程度に薄く切る。

パンにはさむ

P.18基本のはさみ方

> 国産鶏肉使用
> サラダチキン(スモーク)
> [伊藤ハム]を
> 使用しました。

手軽さNo.1! 家にある缶詰や瓶詰をバインミーにしちゃいましょう。
定番サンドイッチの具やごはんのおともを、普段と違うベトナムテイストで。

ツナバインミー

◎ 材料 2本分

バインミーパン　2本
ツナ缶詰(小／油漬け、水煮どちらでも)　1缶
黒こしょう　少々

＋ 共通の材料A

シーチキンLフレーク
[はごろもフーズ]を
使いました。

◎ 作り方
具を作る
1. ツナ缶を開け、油分
　(または水け)をきって黒こしょうを混ぜる。

パンにはさむ
P.18基本のはさみ方

コンビーフ バインミー

◎ 材料 2本分

バインミーパン　2本
コンビーフ(缶詰など)　80g
黒こしょう　少々

＋ 共通の材料A

ノザキのコンビーフ
[川商フーズ]を
使いました。

◎ 作り方
具を作る
1. コンビーフを缶詰などから出してほぐす。

パンにはさむ
P.18基本のはさみ方

＊ Step③で、コンビーフの上に黒こしょうをふる。

共通の材料

A　なます(P.16参照)　60g
　　レタス(6等分にちぎる)　1枚分
　　きゅうり　ななめ薄切り6枚
　　バター　適量
　　マヨネーズ　適量
　　チリソース　適量

パクチー　適宜

さけフレーク バインミー

◎ 材料 2本分

バインミーパン　2本
さけフレーク　大さじ2

＋ 共通の材料A

函館あさひ
荒ほぐし鮭[合食]を
使いました。

◎ 作り方
パンにはさむ
P.18基本のはさみ方

＊ さけフレークは塩分が強いので、Step③
　で入れすぎに気をつけて。

トマトソースのフルーティーな酸味とやわらかいミートボールが、
バインミーパンの中で野菜としっくりなじみます。
どこかなつかしいおいしさにほっこり。

イシイのおべんとクン
ミートボール［石井食品］を
使いました。

ミートボールバインミー

◎ 材料 2本分

バインミーパン　2本
ミートボール（レトルトなど）　6個
なます（P.16参照）　60g
レタス（6等分にちぎる）　1枚分
きゅうり　ななめ薄切り6枚
バター　適量
マヨネーズ　適量
チリソース　適量
パクチー　適宜

◎ 作り方

具を作る

1. ミートボールをパッケージの表示通りにあたためる。

パンにはさむ

P.18 基本のはさみ方

みんな大好きから揚げはバインミーパンにもマッチするに違いない、という予感的中！
サクサクの衣＆じゅわっとしみ出る肉汁をバインミーでお楽しみください！

鶏のから揚げバインミー

◎ **材料 2本分**

バインミーパン　2本

鶏のから揚げ　4〜6個
（市販のそうざい、冷凍品、残りものなど）

なます（P.16参照）　60g

レタス（6等分にちぎる）　1枚分

きゅうり　ななめ薄切り6枚

バター　適量

マヨネーズ　適量

チリソース　適量

パクチー　適宜

◎ **作り方**

具を作る
....

1. 鶏のから揚げをオーブントースターなどで衣がカリッとするまであたためる。

パンにはさむ
....

P.18 基本のはさみ方

＊ から揚げが大きい場合は
適宜カットする。

おそうざいの
鶏のから揚げを
使いました。

サックリした衣にめんつゆをたらしたかき揚げと、
さっぱりなますのマリアージュは、
ベトナム人にも教えたいくらいのおいしさです。

おそうざいの
かき揚げを
使いました。

か き 揚 げ バ イ ン ミ ー

◉ **材料 2本分**

バインミーパン　2本
かき揚げ（市販のそうざい、残りものなど）　2枚
めんつゆ（3倍濃縮タイプ）　小さじ1
なます（P.16参照）　60g
レタス（6等分にちぎる）　1枚分
きゅうり　ななめ薄切り6枚
バター　適量
マヨネーズ　適量
チリソース　適量
パクチー　適宜

◉ **作り方**

具を作る

1. かき揚げの表面がカリッとするまでオーブントースターであたためる。

2. 1の全体にめんつゆをかける。（濃縮タイプを薄めずにそのまま使用）

パンにはさむ

P.18基本のはさみ方

* かき揚げの大きさはいろいろなので適宜カットするなどして、Step③では好みの量をはさんでください。

ベトナムで見かける「揚げ春巻バインミー」を中華の春巻で。
サックリした衣の歯ごたえと、ジューシーな具材がバインミーで楽しめます。

おそうざいの
春巻を
使いました。

春 巻 バ イ ン ミ ー

◉ **材料 2本分**

バインミーパン　2本
春巻（市販のそうざい、残りものなど）　2本
しょうゆ　少々
なます（P.16参照）　60g
レタス（6等分にちぎる）　1枚分
きゅうり　ななめ薄切り6枚
バター　適量
マヨネーズ　適量
チリソース　適量
パクチー　適宜

◉ **作り方**

具を作る

1. 春巻は、オーブントースターなどで衣がカリッとするまであたためる。

2. 1の全体にしょうゆをかける。

パンにはさむ

P.18基本のはさみ方

ごはんのおかずの定番、豚のしょうが焼きはしっかりたれをからめて。
マヨネーズとの相性もよいのでマヨ多めでも◎。
しょうがのさわやかな風味が鼻に抜けて、さっぱりとした後味です。

豚のしょうが焼きバインミー

◉ 材料 2本分

バインミーパン　2本

豚のしょうが焼き　100g
（市販のそうざい、残りものなど）

なます（P.16参照）　60g

レタス（6等分にちぎる）　1枚分

きゅうり　ななめ薄切り6枚

バター　適量

マヨネーズ　適量

チリソース　適量

パクチー　適宜

◉ 作り方

具を作る

1. 豚のしょうが焼きを電子レンジなどであたため、食べやすい大きさに切る。

パンにはさむ

P.18基本のはさみ方

おそうざいの
しょうが焼きを
使いました。

ベトナムの屋台でも見かける、ふんわり焼いた卵をはさんだバインミー。
シンプルですが、卵のやさしい味わいと
野菜のみずみずしさが滋味深いおいしさ。

卵焼きバインミー

◉ 材料 2本分

バインミーパン　2本
卵　M玉2個
砂糖　小さじ1
塩　少々
油　適量
しょうゆ　小さじ1

なます(P.16参照)　60g
レタス(6等分にちぎる)　1枚分
きゅうり　ななめ薄切り6枚
バター　適量
マヨネーズ　適量
チリソース　適量
パクチー　適宜

◉ 作り方

具を作る

1. ボウルに卵、砂糖、塩を入れ、軽く混ぜる。

2. フライパンに油を熱し、1を入れて菜箸で大きく混ぜながら強火でふんわりと焼き上げる。

3. 全体にしょうゆを回しかける。

パンにはさむ

P.18基本のはさみ方

卵にかけるしょうゆを
シーズニングソースにかえると、
よりベトナムっぽくなります。

手軽に使えるちくわも、バインミーならパンにだって合うんです。
ちくわの魚肉たんぱくは吸収率がよく、疲労回復効果も期待できます。

ちくわバインミー

◉ **材料 2本分**

バインミーパン　2本
ちくわ　2本
A 砂糖　小さじ1
　│ しょうゆ　小さじ1
　│ みりん　小さじ1

油　適量

なます（P.16参照）　60g
レタス（6等分にちぎる）　1枚分
きゅうり　ななめ薄切り6枚
バター　適量
マヨネーズ　適量
チリソース　適量
パクチー　適宜

◉ **作り方**

具を作る
‥‥‥‥‥‥‥‥‥‥
1. ちくわを縦半分に切る。

2. フライパンに油を熱し、ちくわを入れて中火で焼き色
　 がつくまで炒める。

3. Aを加えて煮からめる。

パンにはさむ
‥‥‥‥‥‥‥‥‥‥
P.18基本のはさみ方

竹笛［紀文］
を使って
作りました。

第2章　もっと本格！
現地の味

街中のバインミー屋台で味わうような
現地の味をおうちで気軽に。
ひと口ほお張ればベトナムの風が吹き抜けます。

レバーパテと数種類のハムをはさんだバインミーは、
ベトナム全土で食べられているいちばんポピュラーなメニューです。
ベトナム特有の、にんにくやヌクマム入りのレバーパテは日本では手に入りにくいので、
本場の味を楽しむためには、ぜひ一度レバーパテから作ってみてください。

レバーパテとハムのバインミー

Bánh mi pa-tê giãm-bông

バイン・ミー・パテ・ジャンボン

◉ **材料 2本分**

バインミーパン　2本
豚レバーパテ(P.40参照)　60g
ハム(できれば数種類)　6枚
シーズニングソース　適量

なます(P.16参照)　60g
レタス(6等分にちぎる)　1枚分
きゅうり　ななめ薄切り6枚
バター　適量
マヨネーズ　適量
チリソース　適量
パクチー　適宜

◉ **作り方**

具を作る

1. レバーパテを作る。（P.40参照）
2. ハムを半分に切る。

パンにはさむ

P.18基本のはさみ方

* Step②でバターの上にレバーパテを塗る。
* Step③でハムをはさむとき、違う種類を交互にのせ、シーズニングソースをかける。

◉ **メモ**

はさむハムを違う種類にすることでより現地の味に近くなります。ここではロースハム、ももハム、ポークソーセージ、ビアソーセージをとりまぜて使いました。

肉の割合が多いので、レバーが苦手な人も比較的食べやすいレシピです。
ベトナムのパテは、にんにくやヌクマム、黒こしょうがきいているのが特徴です。

豚レバーパテの作り方

◉ **材料　できあがり約400g**

豚レバー　スライス　80g
豚バラ肉スライス　160g
にんにく(みじん切り)　1片
玉ねぎ(みじん切り)　中½個(90g)
酒　大さじ1
バター　30g

A ヌクマム　小さじ1
　 砂糖　小さじ1
　 塩　小さじ1

B クリームチーズ　50g
　 牛乳　大さじ2
　 粒こしょう　小さじ½
　 粗びき黒こしょう　小さじ1

ローリエ　3枚

◎ **作り方**

1. 豚レバーをさっと水洗いしてキッチンペーパーで水けをふきとり、酒をふって10分ほどおく。

2. 豚バラを2cm程度に切る。

3. フライパンを熱して、バター⅓量とにんにくを入れて弱火で炒め、香りが立ったら玉ねぎを入れ中火で炒める。

4. 玉ねぎがしんなりしたら、水けをきったレバーを加える。

5. レバーの色が変わったら a 、Aを加えてさっと炒めあわせ、取り出して粗熱をとる。

6. フードプロセッサーに2を入れて回し、ミンチにする b 。

7. 5と残りのバターとBを入れて c 、さらになめらかになるまで回す d 。

8. 耐熱容器に入れて平らにならし、ローリエをのせて e 、蒸し器で20分ほど蒸す。竹串をさして透明な肉汁が出ればできあがり f 。

9. 蒸し器から取り出し、粗熱がとれたらラップをかけて冷ます。

◎ **メモ**

レバー好きの人は、豚バラと豚レバーを同量（120gずつ）にしてもOK。残ったパテは1回分ずつラップに包んで冷凍すれば、1か月くらい保存できます。

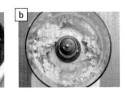
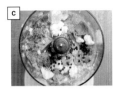
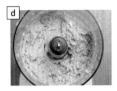

手軽に現地の味を楽しみたいなら
＼ 市販のレバーパテを使っても◎ ／

今日は時間がない、もっと簡単に現地の味にしたい、という時は、缶詰などのレバーパテが強い味方！　バインミーに合うレバーパテをご紹介。レバーパテをパンに塗った上に、ヌクマムと黒こしょう少々をふりかけると、現地の味に近づきますよ。

デラックスレバーパテ 80g
（ジェンセン／ドイツ原産）
［カルディで購入］

レバーパテ 78g
（エナフ／フランス原産）
［マルエツで購入］

イベリコ豚レバーパテ 78g
（コーレン／スペイン原産）
［カルディで購入／2個組］

ベトナムにはレバーパテを塗っただけのバインミーもあります。おやつやお酒のおつまみなど、軽食として食べられています。

ベトナムでシューマイといったら、皮のない蒸した肉団子、のことなんです。
現地の味をより手軽に作れるよう電子レンジで作ります。
甘めのトマトソースで仕上げるのがベトナム流。

シューマイバインミー

Bánh mi xíu mại

バイン・ミー・シウ・マイ

◉ **材料 2本分**

バインミーパン　2本
豚ひき肉　150g
きくらげ（乾）　1g

A 玉ねぎ（みじん切り）　中¼個（50g）
　 ヌクマム　小さじ½
　 シーズニングソース　小さじ½
　 砂糖　小さじ½
　 溶き卵　M玉¼個分
　 黒こしょう　少々

トマトの水煮缶詰（カット）　¼缶（100g）
にんにく（みじん切り）　½片

B ヌクマム　小さじ½
　 シーズニングソース　小さじ½
　 砂糖　小さじ1
　 黒こしょう　少々

油　適量

なます（P.16参照）　60g
レタス（6等分にちぎる）　1枚分
きゅうり　ななめ薄切り6枚
バター　適量
マヨネーズ　適量
チリソース　適量
パクチー　適宜

◉ **作り方**

具を作る

1. きくらげをたっぷりのぬるま湯（分量外）に30分〜1時間つけてもどし、細切りにする。

2. ボウルに豚ひき肉と1、Aを入れてよく混ぜ、6等分にして丸める a 。

3. 耐熱容器に2を並べてラップをふんわりとかけ b 、600Wの電子レンジで3分加熱する。

4. フライパンに油とにんにくを入れて熱し、香りが出たらトマトを入れて中火で炒め、トマトに火が通ったら c 、Bを加える。

5. 3を肉汁ごと加え、さっと炒めあわせる。

パンにはさむ

P.18 基本のはさみ方

豚肉をベトナムの調味料などで甘辛くしっかり味つけして焼き肉にします。
私がはじめて食べて感動したバインミーはこれでした！
ベトナムでも日本でも人気のメニューです。

ベトナム焼き肉バインミー

Bánh mì thịt lợn nóng

バイン・ミー・ティット・ロン・ヌーン

◉ **材料 2本分**

バインミーパン　2本
豚もも肉または豚肩ロース肉　150g
（いずれもスライス）

A おろしにんにく　小さじ½
　シーズニングソース　大さじ1
　オイスターソース　大さじ1
　砂糖　大さじ1
　ヌクマム　大さじ½

黒こしょう　少々
油　適量

なます(P.16参照)　60g
レタス(6等分にちぎる)　1枚分
きゅうり　ななめ薄切り6枚
バター　適量
マヨネーズ　適量
チリソース　適量
パクチー　適宜

◉ **作り方**

具を作る
....

1. 豚肉を5cm程度に切る。

2. ボウルに豚肉とAを入れて混ぜ、10分ほどおく。

3. フライパンに油を熱し、2を中火で火が通るまで炒め a、黒こしょうをふる。

パンにはさむ
....

P.18基本のはさみ方

私が大好きなホーチミンの裏路地の屋台では、炭火でつくねを焼いています。
あのつくねを作りたくても家庭で炭火焼は難しいので、
しっかりめに焼き色をつけて仕上げます。

豚つくねバインミー

Bánh mì thịt lợn viên

バイン・ミー・ティット・ロン・ヴィエン

◉ 材料 2本分

バインミーパン　2本

豚ひき肉　150g

A 玉ねぎ(みじん切り)　中 1/6 個(30g)
　 おろしにんにく　小さじ 1/3
　 砂糖　大さじ 1/2
　 ヌクマム　小さじ 1/2
　 黒こしょう　少々

片栗粉　適量

油　適量

B 砂糖　小さじ1
　 シーズニングソース　大さじ1
　 黒こしょう　少々

なます(P.16参照)　60g

レタス(6等分にちぎる)　1枚分

きゅうり　ななめ薄切り6枚

バター　適量

マヨネーズ　適量

チリソース　適量

パクチー　適宜

◉ 作り方

具を作る

1. ボウルに豚ひき肉とAを入れてよく混ぜる。

2. 4等分にして小判形に丸め、全体に片栗粉をまぶす [a]。

3. フライパンに油を熱し、2を並べて中火で両面に焼き目をつける [b]。

4. Bとひたひたの水(分量外)を加えて中火で煮る。

5. 煮汁にとろみがつくまで煮詰める [c]。

パンにはさむ

P.18基本のはさみ方

長い間中国の支配下にもあったベトナムは、
料理も中国の影響を受けたものがたくさんあります。
焼き豚もそのひとつ。香味野菜や
中華スパイスの五香粉で香りよく仕上げます。

焼き豚バインミー
Bánh mi xá xíu
バイン・ミー・サー・シウ

◎ **材料 2本分／焼き豚のみ4〜5本分**

バインミーパン　2本
豚肩ロース肉または豚もも肉(いずれもかたまり)　300g

A　しょうゆ　大さじ1
オイスターソース　大さじ1
はちみつ　大さじ1
おろしにんにく　大さじ½
おろししょうが　大さじ½
五香粉　小さじ1

黒こしょう　少々
油　適量

なます(P.16参照)　60g
青じそ(茎を切り落とす)　6枚
きゅうり　ななめ薄切り6枚
バター　適量
マヨネーズ　適量
チリソース　適量
パクチー　適宜

◎ **作り方**

具を作る

1. 豚肉全体にフォークで穴をあけ、あらかじめ混ぜたAをもみこみひと晩おく。

2. 豚肉をつけ汁から出し、フライパンに油を熱し、強火で表面に焼き目をつけてから[a]、200℃のオーブンで20〜30分焼く。

3. 火が通ったら取り出して冷まし[b]、3mm厚さに切る。

4. 鍋に2で残ったつけ汁を入れ、ひと煮立ちさせたら中火にし、とろみがつくまで煮詰める。

5. 3を入れてからめる。

パンにはさむ

P.18基本のはさみ方

* Step③でレタスの代わりに青じそを使う。

* Step③で焼き豚をはさむ際、1本あたり50gが目安です。

49

タマリンドのフルーティーな酸味がさわやかでクセになるおいしさ。
ベトナムのレストランではチキンのほか、えびやかになどのタマリンド炒めメニューがあります。
私の店でも人気の品です。

タマリンドチキンバインミー

Bánh mì thịt gà hýõng vị me

バイン・ミー・ティット・ガー・フーン・ヴィ・メー

◉ 材料 2本分

バインミーパン　2本
鶏もも肉またはむね肉　⅓枚(100g)
塩　少々
こしょう　少々
片栗粉　適量

A　おろしにんにく　小さじ⅓
　　ヌクマム　小さじ1
　　タマリンドペースト　小さじ⅓
　　*練り梅で代用可
　　砂糖　大さじ1
　　乾燥赤唐辛子(小口切り)　⅓本
　　黒こしょう　少々

油　適量

なます(P.16参照)　60g
レタス(6等分にちぎる)　1枚分
きゅうり　ななめ薄切り6枚
バター　適量
マヨネーズ　適量
チリソース　適量
パクチー　適宜

◉ 作り方

具を作る
．．．．．．．．．
1. 鶏肉をひと口大に切り、塩、こしょうをふって片栗粉をまぶす。

2. フライパンに多めの油を熱し、1を入れて中火で両面に焼き色がつくまで揚げ焼く。

3. Aを入れ、とろみがつくまで炒めあわせる。

パンにはさむ
．．．．．．．．．
P.18基本のはさみ方

◉ メモ

タマリンドはマメ科のフルーツ。独特の甘酸っぱさがあり、種のまわりの果肉が食用になります。ドライのものとペーストのものがありますが、調味料として料理に使う場合は、ペースト状のものが使いやすくておすすめです。輸入食材を多く扱うスーパーなどで購入できます。

ベトナムのお店でも家庭でも親しまれている料理です。レモングラスの香りがさわやか。
現地では辛く仕上げることが多いので、辛いものが好きな人は唐辛子たっぷりでどうぞ。

レモングラスチキンバインミー

Bánh mì thịt gà xào sả

バイン・ミー・ティット・ガー・サオ・サー

◎ 材料 2本分

バインミーパン　2本
鶏もも肉　⅓枚(100g)
塩　少々
こしょう　少々
玉ねぎ(くし切り)　中¼個(50g)

A レモングラス(みじん切り)　½本
　にんにく(みじん切り)　½片
　乾燥赤唐辛子(小口切り)　⅓本

B ターメリックパウダー　小さじ1
　ヌクマム　大さじ½
　砂糖　大さじ½

油　適量

なます(P.16参照)　60g
レタス(6等分にちぎる)　1枚分
きゅうり　ななめ薄切り6枚
バター　適量
マヨネーズ　適量
チリソース　適量
パクチー　適宜

◎ 作り方

具を作る

1. 鶏肉をひと口大に切り、塩、こしょうをふる。

2. フライパンに油を熱し、1を両面に焼き色がつくまで中火で焼く。

3. 玉ねぎを入れてしんなりするまで炒め、フライパンの片側に寄せる。

4. 油を足し、Aを入れて弱火で香りが立つまで炒める[a]。

5. 全体を混ぜあわせて中火にし、Bを加えて、さっと混ぜる。

パンにはさむ

P.18基本のはさみ方

◎ メモ

レモングラスは、レモンの香りがするイネ科のハーブです。料理に使うときは、根元から20cmくらいまでの部分を使います(葉の部分はお茶などに)。アジア食材店などで冷凍のものが売られています。

さっぱりと食べられるバインミーです。
手先が器用なベトナムの人は、鶏肉をとても細かく裂いていました。
鶏肉が細いほど、現地の味に近くなります。
ちょっと手間かもしれませんが、ぜひお試しを。

蒸し鶏バインミー

Bánh mì thịt gà hấp

バイン・ミー・ティット・ガー・ハップ

◎ **材料 2本分**

バインミーパン　2本
鶏むね肉　½枚(150g)

A 薄切りしょうが　2枚
　 ねぎの青い部分　1本分
　 ヌクマム　小さじ2
　 砂糖　小さじ1
　 おろしにんにく　小さじ⅓

なます(P.16参照)　60g
レタス(6等分にちぎる)　1枚分
きゅうり　ななめ薄切り6枚
バター　適量
マヨネーズ　適量
チリソース　適量
パクチー　適宜

◎ **作り方**

具を作る

1. 鶏肉にAを加えてよくもみこむ。
2. 耐熱容器に入れふんわりとラップをかけ⒜、600W
   の電子レンジで3分加熱する。
3. ラップをかけたまま冷めるまでおく。
4. 冷めたら細かく裂いて⒝、残った蒸し汁をからめる。

パンにはさむ

P.18基本のはさみ方

牛肉をレモングラスやパクチーといったベトナムでよく使われるハーブと
オイスターソースなどで、香りよくしっかり味に仕上げます。
ベトナムが懐かしくなる香りです。

香味牛焼き肉バインミー

Bánh mì thịt bò xào

バイン・ミー・ティット・ボー・サオ

◉ 材料 2本分

バインミーパン　2本
牛もも肉または肩ロース肉　120g
(いずれもスライス)

A　レモングラス(みじん切り)　½本
　　パクチーの茎と根(みじん切り)　1株分
　　オイスターソース　大さじ1
　　シーズニングソース　小さじ1
　　砂糖　小さじ1
　　おろしにんにく　小さじ¼

黒こしょう　少々
油　適量

なます(P.16参照)　60g
レタス(6等分にちぎる)　1枚分
きゅうり　ななめ薄切り6枚
バター　適量
マヨネーズ　適量
チリソース　適量
パクチー　適宜

◉ 作り方

具を作る
:::::::::::::
1. ボウルに牛肉とAを入れてもみこみ、10分ほど
   おく。
2. フライパンに油を熱して1を入れ、中火で火が
   通るまで炒める[a]。仕上げに黒こしょうをふる。

パンにはさむ
:::::::::::::
P.18基本のはさみ方

厚揚げにしっかりと味をつけ、なますの代わりにアボカド、パンにはごまペーストを塗って、
お肉なしでも満足感のあるバインミーに仕上げました。
ベジタリアンの人にもおススメです。

厚揚げとアボカドバインミー

Bánh mì đậu hũ chiên và bơ

バイン・ミー・ダウ・フー・チエン・ヴァ・ボー

◉ 材料 2本分

バインミーパン　2本
厚揚げ(8等分に切る)　½枚(100g)

A シーズニングソース　大さじ2
　　砂糖　大さじ1
　　おろしにんにく　小さじ½
　　乾燥赤唐辛子(小口切り)　½本
　　黒こしょう　少々

アボカド　½個

B マヨネーズ　大さじ1
　　レモン汁　少々
　　黒こしょう　少々

白ごまペースト　小さじ½
レタス(6等分にちぎる)　1枚分
きゅうり　ななめ薄切り6枚
バター　適量
マヨネーズ　適量
チリソース　適量
パクチー　適宜

◉ 作り方

具を作る

1. 厚揚げをひと口大に切る。
2. 鍋に1、A、ひたひたの水(分量外)を入れ、厚揚げに味がしみ込むまで煮る[a]。
3. アボカドの皮をむいて種を取る。1cm角に切りBを混ぜあわせる[b]。

パンにはさむ

1. パンをトースターで軽く焼き、切り目を入れ、下の面にバター、白ごまペーストの順に塗る。
2. レタス、きゅうりの順にのせ、マヨネーズを絞る。
3. 厚揚げをのせ、チリソースを塗る。
4. アボカドをはさみ、好みでパクチーをのせる。

◉ メモ

好みでなますを追加してもおいしいです。
にんにくやバター、マヨネーズを使用していますので、ベジタリアンやヴィーガンの人は、ご自身のスタイルに合わせて適宜調整して作ってください。

バインミーの具といえば「肉」と思われがちですが、
実はシーフードの種類も豊富なベトナムでは魚を使ったバインミーもおなじみ。
さっぱりと食べられるトマトソース仕上げです。

さばのトマト煮バインミー

Bánh mì cá

バイン・ミー・カー

◉ 材料 2本分

バインミーパン　2本
さば　半身(140g)
玉ねぎ(薄切り)　1/4個(50g)
トマトの水煮缶詰(カット)　1/4缶(100g)
塩　小さじ1/4
黒こしょう　少々
小麦粉　適量
にんにく(みじん切り)　1片
砂糖　小さじ1
ヌクマム　小さじ1/4
油　適量

なます(P.16参照)　60g
レタス(6等分にちぎる)　1枚分
きゅうり　ななめ薄切り6枚
バター　適量
マヨネーズ　適量
チリソース　適量
パクチー　適宜

◉ 作り方

具を作る

1. さばに塩をふり、15分ほどおく。出てきた水け
   をキッチンペーパーで取り、骨を取る。

2. 1を6等分に切り、黒こしょうをふって小麦粉を
   まぶす。

3. フライパンに多めの油を熱し、2を入れ中火で
   揚げ焼きにする [a]。

4. さばを一度取り出してフライパンの油をふきとる。

5. 新しい油とにんにくを入れて弱火で香りが出るま
   で熱し、玉ねぎを加えてしんなりするまで炒める。

6. トマトを加えて中火で炒め、トマトに火が通った
   らヌクマムと砂糖で味をととのえる。

7. さばを戻してサッと炒めあわせる [b]。

パンにはさむ

P.18基本のはさみ方

ベトナムの港町の屋台で売られているバインミーを再現しました。
ディルたっぷりのさつま揚げは日本ではなかなかお目にかからないので、
フレッシュなディルが手に入ったらぜひ試してみてください。

ベトナムさつま揚げバインミー

Bánh mì chả cá

バイン・ミー・チャー・カー

◉ 材料 2本分

バインミーパン　2本
白身魚の切り身　2〜3切れ（正味100g）
（たら、たい、さわらなど）
塩　ひとつまみ

A 片栗粉　小さじ1
　砂糖　小さじ1
　油　小さじ½
　ヌクマム　小さじ½
　おろしにんにく　小さじ⅓
　黒こしょう　少々

ディル（粗みじん切り）　2〜3本（4g）
揚げ油　適量
なます（P.16参照）　60g
レタス（6等分にちぎる）　1枚分
きゅうり　ななめ薄切り6枚
バター　適量
マヨネーズ　適量
チリソース　適量
パクチー　適宜

◉ 作り方

具を作る

1. 白身魚は皮と骨を取りフードプロセッサーに入れる。塩を加えてひとかたまりになるまで回す 。
2. ボウルなどに移してAを加えて混ぜあわせ、ディルを加えてさらに混ぜる。
3. 2等分にして楕円に成形する 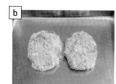。
4. フライパンに揚げ油を熱し、180℃で両面色がつくまで揚げる。
5. 油をきり、3等分に切る 。

パンにはさむ

P.18基本のはさみ方

◉ メモ

ごはんのおかずやおつまみにするときは、ヌック・チャム（P67）をつけてどうぞ。
ディルの代わりにパクチーの茎のみじん切りを使ってもベトナムっぽくおいしくなります。

a

b

c

ベトナムの朝の屋台で見かけたバインミーです。
白身のカリッとした香ばしさと半熟の黄身のコクのあるうまみは、また食べたくなる！
クセになるおいしさです。

目玉焼きバインミー

Bánh mì ốp la
バイン・ミー・オプ・ラー

◎ **材料 2本分**

バインミーパン　2本
卵　M玉2個
油　適量
シーズニングソース　適量

なます（P.16参照）　60g
レタス（6等分にちぎる）　1枚分
きゅうり　ななめ薄切り6枚
バター　適量
マヨネーズ　適量
チリソース　適量
パクチー　適宜

◎ **作り方**

具を作る

1. フライパンに多めの油を熱し、卵を割り入れる。
2. 白身のふちがかりっとなるまで中火で焼く[a]。

パンにはさむ

P.18基本のはさみ方

* Step③で、目玉焼きをはさんだ後、シーズニングソースをかける。

◎ **メモ**

レバーパテ（P.40）をあわせるのもおすすめです。

残ったバインミーパンの活用メニュー。
現地では蒸し器で蒸しますが、電子レンジでも作れます。
たっぷりの野菜やハーブと一緒に食べるのがベトナム流。
おやつにもビールのおともにもおすすめです。

蒸しバインミー

Bánh mì hấp

バイン・ミー・ハップ

◉ **材料 2本分**

バインミーパン　2本
豚ひき肉　100g

A にんにく(みじん切り)　½片
　｜砂糖　小さじ1
　｜ヌクマム　小さじ½
　｜シーズニングソース　小さじ½

黒こしょう　少々
油　適量
小ねぎ(小口切り)　2本
ピーナツ(粗く砕く)　適量
パクチー　適量
レタス　適量
青じそ(茎を切り落とす)　適量
ハーブ(ミント、バジル、パクチーなど)　適量

<つけだれ>
B なます(P.16参照)　適量
　｜ヌック・チャム(下記参照)　適量

◉ **作り方**

1. Bをあわせてつけだれを作る。

2. フライパンに油とにんにくを入れて弱火で熱し、香りが出たら豚ひき肉を入れて火が通るまで炒める。

3. Aを加えて水けがなくなるまで炒める a 。

4. パンを縦半分に切り、さらに半分の長さに切る。

5. 4を耐熱皿に並べ、切った面に油を塗り、小ねぎを散らして3をのせる b 。

6. ふんわりとラップをかけ、600Wの電子レンジで30秒加熱する。

7. ラップをはずして、ピーナツとパクチーをのせ、黒こしょうをふる。

8. レタスに7と青じそ、ハーブをのせて巻き、1のつけだれをつけて食べる。

ヌック・チャムの作り方

◉ **材料**

ヌクマム　大さじ2
砂糖　大さじ3
レモン汁　大さじ1
湯　大さじ2
にんにく(みじん切り)　小さじ½
乾燥赤唐辛子(小口切り)　適量

◉ **作り方**

器に砂糖と湯を入れてよく混ぜ、砂糖が溶けたら残りの材料をすべて入れて混ぜる。

「チャーカー」とはハノイの郷土料理。
ターメリック入りのたれにつけた白身魚を、たっぷりのハーブと炒め、米粉の麺と食べます。
これをバインミーの具にアレンジしました。

チャーカーバインミー

Bánh mì chả cá

バイン・ミー・チャー・カー

◉ 材料 2本分

バインミーパン　2本
白身魚の切り身　2〜3切れ（正味100g）
（たら、たい、さわらなど）

A ターメリックパウダー　小さじ1
　│ 塩こうじ　小さじ1
　│ ヌクマム　小さじ1
　│ おろしにんにく　小さじ⅓
　│ おろししょうが　小さじ⅓
　│ 黒こしょう　少々

小ねぎ（ざく切り）　5〜6本
ディル（ざく切り）　6〜8本（10g）

B 砂糖　小さじ1
　│ ヌクマム　小さじ½
　│ レモン汁　小さじ½

油　適量

なます（P.16参照）　60g
レタス（6等分にちぎる）　1枚分
きゅうり　ななめ薄切り6枚
バター　適量
マヨネーズ　適量
チリソース　適量
パクチー　適宜

◉ 作り方

具を作る

1. 白身魚の皮と骨を取ってひと口大に切り、Aをやさしくもみこんで15分ほどおく。

2. フライパンに多めの油を熱し、1を入れて中火で火が通るまで揚げ焼きにする[a]。

3. 小ねぎとディルを2に加えてさっと炒め[b]、Bを入れて混ぜる。

パンにはさむ

P.18基本のはさみ方

◉ メモ

ごはんのおかずとしてもおすすめです。ごはんにあわせるときは、ヌック・チャム（P67）をつけてどうぞ。

え?!これもアリ?

「はさまない」バインミー

「バインミー」とはベトナム語で「パン」なので、具をサンドしないという食べ方もあるんです。
ベトナムスタイルの汁ものにパンを添えて、ひたして食べたり、具だけをパンにはさんだり。
楽しみ方は自由自在！

ベトナム風チキンカレーのバインミー

Cà ri gà

ベトナムのカレーは、スープ状でココナッツの風味がきいた甘めの仕上がり。
ご飯やブンという米粉の細麺にかけたりして食べることも多いです。
日本でも、パンだけでなく、ご飯やそうめんにあわせても。

シューマイと
目玉焼きのスープ
＆バインミー

Bánh mì chảo

ベトナム南部の港町ブンタウ名物のスープ。
ベトナムでシューマイといえば皮がないタイプです。
現地では一人用の深めのフライパンで目玉焼きを焼き、
そこにスープとシューマイを入れて提供しています。

ベトナム
ビーフシチュー
＆バインミー

Bò kho

フランスの植民地時代に、
フランス料理の影響を受けて
生まれたといわれています。
ベトナムではパンを添えたシチューは
朝ごはんでもよく食べられています。

71

ベトナムカレー＆バインミー [カリー・ガー]

◉ 材料 2本分

バインミーパン　2本
鶏もも肉(ひと口大に切る)　½枚(150g)
さつまいも　小⅓本(70g)
(1.5cm幅、5cm長さの拍子木切り)
玉ねぎ(薄切り)　¼個(50g)
ヌクマム　小さじ2
黒こしょう　少々

A　レモングラス(みじん切り)　½本
　　にんにく(みじん切り)　1片
　　生姜(みじん切り)　1片

カレー粉　大さじ1
八角　½個
水　150ml
ココナツミルク　100ml

B　砂糖　小さじ⅔
　　ヌクマム　小さじ1
　　塩　少々
　　こしょう　少々

油　適量

◉ 作り方

1. 鶏肉とヌクマム、黒こしょうをボウルに入れて混ぜ、20分ほどおく。

2. さつまいもは水(分量外)にさらしてあくを抜き、水けをよくふきとる。

3. フライパンに多めの油を熱し、2を入れて中火でうっすら焼き色がつくまで揚げ焼きにする[a]。

4. 鍋に油を熱し、Aを入れて弱火で香りが立つまで炒め、玉ねぎを加えて中火でしんなりするまで炒める。

5. 4に1を加えて中火で表面が白くなるまで炒め、カレー粉を加えてさっと混ぜる。

6. 水と八角を加えて強火にし、沸騰したらふたをして弱火で15分ほど煮る。

7. 3のさつまいもを加え、火が通るまで煮る[b]。

8. ココナツミルクを加えてひと煮たちさせ、Bで味をととのえる。

9. 器に盛り、バインミーパンを添える。

え?!これもアリ?

「はさまない」バインミー

72

シューマイと目玉焼きのスープ ＆バインミー

[バイン・ミー・チャオ]

◉ 材料 2本分

バインミーパン　2本

豚ひき肉　150g

A 玉ねぎ（みじん切り）　¼個（50ｇ）
　　ヌクマム　大さじ½
　　おろしにんにく　小さじ½
　　オイスターソース　小さじ½
　　砂糖　小さじ½
　　黒こしょう　少々

水　400ml

B ヌクマム　小さじ1
　　砂糖　小さじ1
　　シーズニングソース　小さじ½

卵　M玉2個
油　適量
小ねぎ（小口切り）　3本

◉ 作り方

1. ボウルに豚ひき肉とAを入れてよく混ぜ、2等分にして丸める。

2. 鍋に水を入れて強火にかけ、沸騰したら1を入れる。再び沸騰したら弱火にして20分ほど煮る⒜。

3. 火が通ったら、Bを加える。

4. フライパンに油を熱して卵を割り入れ、中火で半熟の目玉焼きを作る。

5. 器に3のシューマイを汁ごと盛って4をのせ、小ねぎを散らし、パンを添える。

ベトナムビーフシチュー ＆バインミー

[ボー・コー]

◉ 材料 2〜3人分

バインミーパン　2本
牛すね肉（ひと口大に切る）　300ｇ

A 赤ワイン　大さじ1
　　おろしにんにく　小さじ1
　　ヌクマム　小さじ1
　　塩　小さじ½
　　黒こしょう　少々

玉ねぎ（みじん切り）　½個（100ｇ）
レモングラス（みじん切り）　1本
にんにく（みじん切り）　1片
にんじん（5cm厚さの輪切り）　小½本（60ｇ）
じゃがいも（5cm厚さの輪切り）　小2個（150ｇ）
トマトの水煮缶詰（カット）　½缶（200ｇ）
八角　1個
水　600ml
五香粉　小さじ1

B 砂糖　大さじ1
　　ヌクマム　小さじ1
　　黒こしょう　少々

油　適量
パクチー　適宜

◉ 作り方

1. ボウルに牛肉を入れてAをもみこみ、30分ほどおく。

2. 鍋に油とにんにく、レモングラスを入れて弱火で炒め、香りが立ったら玉ねぎを加えて中火でしんなりするまで炒める。

3. 2に1を加えて強めの中火で牛肉に焼き色がつくまで炒め、トマトを加えて色が明るくなるまで炒める⒜。

4. 3に水と八角を加えて強火にし、沸騰したら弱火にして牛肉がやわらかくなるまで1〜2時間ほど煮込む。

5. にんじんと五香粉を加えて弱火のまま10分ほど煮る。

6. じゃがいもを加え、竹串がすっと通るくらいになったらBを加える。

7. 器に盛って好みでパクチーを飾り、パンを添える。

◉ メモ

圧力鍋を使うと調理時間が短縮できます。手順4で、20分加圧したのち、自然に減圧してください。

バインミーをおいしく
包む・持ち運ぶ・あたためる

　バインミーは野菜もたんぱく質もこれひとつでとれるので、お弁当にもおすすめです。バインミーを包むものは、私の店では耐油加工してある包装紙を使っています。東京の合羽橋[注]で買っていますが、100枚単位での販売なので、一般家庭で用意するのは少し難しいかもしれません。手軽に使えるものとしては、クッキングシートやワックスペーパーがおすすめです。100円均一のお店でも、かわいいデザインのワックスペーパーを見かけることがありますので、チェックしてみてください。
　ベトナムでは、新聞紙や広告の紙などをバインミーより短めに切ったものを巻きつけて輪ゴムで留めた状態で渡されることもあります。そのスタイルで、お気に入りの包装紙を巻いて紐などで巻き留めるのもかわいいと思います。
　バインミーをたくさん作って、ピクニックランチもおすすめです。数種類作って半分に切り目を入れておけば、仲間とシェアしやすく、いろいろな味が楽しめます。長時間持ち歩くことになるときは、なますは別の容器に入れて、食べるときにはさむと水分が気になりません。

[注]「かっぱ橋道具街」として知られ、調理関連の道具店が集中する一帯。東京都台東区、浅草と上野の間あたり。

◉ バインミーの 簡単な包み方

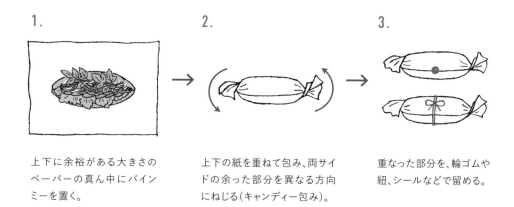

1.

上下に余裕がある大きさのペーパーの真ん中にバインミーを置く。

2.

上下の紙を重ねて包み、両サイドの余った部分を異なる方向にねじる（キャンディー包み）。

3.

重なった部分を、輪ゴムや紐、シールなどで留める。

◉ バインミーを 持ち運ぶ時の注意点

高温のところに
長時間置かない

地面と並行に持つ
（縦にしない）

あとで
はさむ

長時間持ち運ぶ場合は、
なますは別の容器に入れて
食べる時にはさむ

◉ バインミーの あたため方

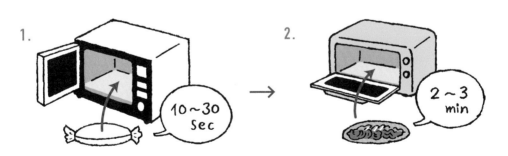

1.

10〜30
sec

2.

2〜3
min

包装紙にくるんだままのバインミーを電子レンジ
に入れ、全体がほんのりあたたまるまで10〜30
秒程度加熱する（大きさによって時間は要調整）。

包装紙から出し、オーブントースターに入れて、
表面がカリッとするまで2〜3分焼く。

※電子レンジであたためすぎるとパンがかたくなってしまうので慣れないうちはこまめにチェックしながらあたためてください。

第3章

バインミーで
世界旅行

自由度の高いバインミーは
世界中のいろいろなおかずとも相性よし。
バインミーで旅気分を味わってみて。

プルコギとは、甘めのしょうゆだれにつけこんだ薄切り牛肉を、
野菜とともに焼いた韓国の定番料理。
なますの代わりに少し酸味をプラスしたナムルをあわせてバインミーにしました。

プ ル コ ギ バ イ ン ミ ー 🇰🇷 〈 韓国 〉

◉ 材料 2本分

バインミーパン　2本

[プルコギ]

牛肉（薄切り）　80g
にんじん（5cm長さの細切り）　小 ¼ 本（30g）
玉ねぎ（細切り）　中 ⅙ 個（30g）
にら（5cm長さに切る）　¼ 束（25g）

A 砂糖　大さじ½
　 しょうゆ　大さじ½
　 コチュジャン　大さじ½
　 すりごま　大さじ½
　 ごま油　大さじ½
　 おろしにんにく　小さじ¼

ごま油　適量

[ナムル（作りやすい分量）]

もやし　½ 袋（100g）
ほうれんそう（5cm長さに切る）　¼ 袋（50g）
にんじん（5cm長さの細切り）　小 ½ 本（50g）

B すりごま　大さじ1
　 ごま油　大さじ1
　 しょうゆ　大さじ½
　 砂糖　小さじ2
　 酢　小さじ1
　 おろしにんにく　小さじ¼
　 塩　少々

レタス（6等分にちぎる）　1枚分
きゅうり　ななめ薄切り6枚
バター　適量
マヨネーズ　適量
チリソース　適量
パクチー　適宜

◉ 作り方

具を作る

[ナムル]

1. 耐熱容器にもやし、ほうれんそう、にんじんを入れ、ラップをかけて600Wの電子レンジで2分30秒加熱する。ラップをはずして冷ます。

2. ボウルにBを入れて混ぜあわせ、水分をしっかり絞った1を加え混ぜて⒜、30分ほどおく。

[プルコギ]

1. ボウルに牛肉と玉ねぎ、にんじんを入れ、Aをもみこみ30分ほどおく。

2. フライパンを熱してごま油を入れ、1をつけだれごと入れて中火で炒める⒝。

3. 牛肉に火が通ったら強火にし、にらを加えてサッと炒めあわせる。

パンにはさむ

P.18基本のはさみ方

＊ Step③でなますの代わりにナムルを1本あたり40gほどはさむ。

インド料理でおなじみタンドリーチキンは、
鶏肉をスパイスとヨーグルトなどにつけこみ、タンドールという窯で焼いた料理です。
スパイス香るチキンはバインミーパンとも好相性。

タンドリーチキンバインミー 🇮🇳 〈 インド 〉

◉ **材料 2本分**（タンドリーチキンのみ作りやすい分量）

バインミーパン　2本
鶏もも肉（4等分に切る）　1枚（300g）

A　プレーンヨーグルト　大さじ4
　　ケチャップ　大さじ3
　　カレー粉　大さじ1
　　おろしにんにく　小さじ1
　　おろししょうが　小さじ1
　　クミンパウダー　小さじ½
　　塩　小さじ½

なます（P.16参照）　60g
レタス（6等分にちぎる）　1枚分
きゅうり　ななめ薄切り6枚
バター　適量
マヨネーズ　適量
チリソース　適量
パクチー　適宜

◉ **作り方**

具を作る
....

1. 鶏肉にAをもみこんで1時間ほどおく。

2. 200℃のオーブンで25分ほど焼く a 。

3. 粗熱がとれたらひと口大に切る。

パンにはさむ
....

P.18基本のはさみ方

＊ Step ③でタンドリーチキンをはさむ際、1本あたり60g
　ほどが目安。

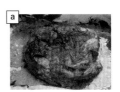
a

サテバインミー 〈 インドネシアなど 〉

◉ **材料 2本分**（サテのみ作りやすい分量）

バインミーパン　2本

鶏もも肉（ひと口大に切る）　½枚（150g）

A　しょうゆ　大さじ½
　　おろしにんにく　小さじ¼
　　黒こしょう　少々

油　適量

B　ピーナツバター（無糖）　大さじ2
　　ピーナツ（砕く）　大さじ2
　　砂糖　大さじ1
　　ココナツミルク　大さじ⅔
　　ヌクマム　小さじ½

なます（P.16参照）　60g

レタス（6等分にちぎる）　1枚分

きゅうり　ななめ薄切り6枚

バター　適量

マヨネーズ　適量

チリソース　適量

パクチー　適宜

◉ **作り方**

具を作る

1. 鶏肉にAをもみこみ、30分ほどおく。

2. フライパンに油を熱して1を並べ入れ、中火で火が通るまで両面を焼く[a]。

3. Bを混ぜあわせて加え、鶏肉にからめる。

パンにはさむ

P.18基本のはさみ方

* Step ③でサテをはさむ際、1本あたり50gほどが目安。

サテはインドネシアなど
東南アジア一帯で食べられている肉の串焼きで、
甘めのピーナッツソースが特徴。
パンにはさむので串にささずに仕上げます。

ケバブバインミー 〈トルコ〉

◉ **材料 2本分**

バインミーパン　2本
牛もも肉(スライス)　120g

A プレーンヨーグルト　大さじ1
　 クミンパウダー　小さじ1弱
　 おろしにんにく　小さじ⅓
　 チリパウダー　小さじ⅓
　 塩　少々
　 こしょう　少々

油　適量

B プレーンヨーグルト　大さじ2
　 トマトケチャップ　小さじ2
　 レモン汁　少々

なます(P.16参照)　60g
レタス(6等分にちぎる)　1枚分
きゅうり　ななめ薄切り6枚
バター　適量
マヨネーズ　適量
チリソース　適量
パクチー　適宜

◉ **作り方**

具を作る

1. ボウルに牛肉を入れ、Aをもみこみ30分ほどおく。

2. フライパンに油を熱し、1を中火で火が通るまで炒める。

3. Bを混ぜあわせてソースにする。

パンにはさむ

P.18基本のはさみ方

* Step③で牛肉をのせた後にソースをかける。

ケバブとはトルコのロースト料理の総称。
ピタパンを使ったケバブサンドでもおなじみの具を
バインミーにアレンジしました。

中東の国々で食べられている、豆をつぶして揚げたコロッケがファラフェル。
タヒニソースをかけて食べます。
ピタパンにはさんで食べることが多いので、バインミーパンとも相性抜群!

ファラフェルバインミー ■■〈 モロッコなど 〉

◉ 材料 2本分(ファラフェルのみ作りやすい分量)

バインミーパン　2本
ひよこ豆(乾)　100g

A 玉ねぎ　中¼個(50g)
　パクチーの茎　15g
　にんにく　½片
　オリーブオイル　小さじ2
　クミンシード　小さじ1
　塩　小さじ¼
　こしょう　少々

揚げ油　適量

B プレーンヨーグルト　大さじ2
　マヨネーズ　大さじ1
　白ごまペースト　大さじ1
　塩　ふたつまみ
　レモン汁　少々
　クミンパウダー　少々
　コリアンダーパウダー　少々
　こしょう　少々

なます(P.16参照)　60g
レタス(6等分にちぎる)　1枚分
きゅうり　ななめ薄切り6枚
バター　適量
マヨネーズ　適量
チリソース　適量
パクチー　適宜

◉ 作り方

具を作る

[下準備]

乾燥ひよこ豆をたっぷりの水(分量外)にひと晩つけておく。

1. ひよこ豆の水けをきり、Aと一緒にフードプロセッサーに入れ、少し粒が残る程度まで回す。

2. 8等分にし、軽く水けをきりながら丸める。

3. フライパンに揚げ油を熱し、200℃で表面に色がつくまで揚げる。

4. Bを混ぜあわせてタヒニソースを作る。

パンにはさむ

1. パンをトースターで軽く焼き、横に切り目を入れ、下の面にバターを塗る。

2. レタス、きゅうりの順にのせ、マヨネーズを絞る。

3. ファラフェルを1本につき2個のせ、タヒニソース、チリソースをかける。

4. なますをはさみ、好みでパクチーをのせる。

◉ メモ

ファラフェルの手順2でまとまりにくい時は、表面に茶こしなどで小麦粉(分量外)をふってください。ファラフェルは揚げている時にくずれやすいので、あまり触らずに。

映画［注］で一躍有名になったキューバ発祥のサンドイッチ。フロリダ州の名物です。
本来はサンドイッチプレスで焼き上げるのですが、フライパンで焼くスタイルにアレンジしてみました。
［注］『シェフ 三ツ星フードトラック始めました（2014・米）』

キューバサンドバインミー 🇺🇸〈 アメリカ 〉

◉ 材料 2本分（ローストポークのみ作りやすい分量）

バインミーパン　2本
豚肩ロース肉（かたまり）　300g

A　オレンジジュース　50ml
　　はちみつ　小さじ2
　　オリーブオイル　大さじ½
　　塩　大さじ½
　　ドライハーブ　小さじ1
　　（タイム、ローズマリー、オレガノなど）
　　おろしにんにく　小さじ⅓
　　黒こしょう　少々

ハム　4枚
スライスチーズ　2枚
なます（P.16参照）　60g
バター　40g
粒マスタード　小さじ2
はちみつ　小さじ1
油　適量

◉ 作り方

具を作る

1. 豚肉の表面全体にフォークなどで穴をあけ、A に2時間ほどつける。

2. 1の水分をキッチンペーパーで軽くとる。フライパンに油をひいて熱し、強火で表面に焼き色をつける。

3. 2を取り出してアルミホイルに包み、200℃のオーブンで20分ほど焼く。

4. アルミホイルに包んだまま冷ます。冷めたらアルミホイルをはがし3〜5mmの厚さに切る。

パンにはさむ＆焼く

1. パンの横に切り目を入れ、断面の両面にマスタードとはちみつを塗る。

2. パン1本につき、ローストポーク2枚、ハム2枚、スライスチーズ1枚、なます30g程度をはさむ。

3. フライパンを熱してバターの半量を溶かす。具をはさんだパンをフライ返しで押しつけながら焼く[a]。

4. こんがりと焼き目がついたら裏返し、残りのバターを溶かして同じように焼き目をつける[b]。

ポケバインミー 🏴󠁵󠁳󠁨󠁩󠁿 〈ハワイ〉

◉ 材料 2本分

バインミーパン　2本
まぐろの赤身　100g

A しょうゆ　大さじ2
　みりん　大さじ1
　ごま油　小さじ1
　白ごま　小さじ½
　おろしにんにく　少々

アボカド　½個
マヨネーズ　小さじ1
レモン汁　少々

なます(P.16参照)　60g
青じそ(茎を切り落とす)　6枚
きゅうり　ななめ薄切り6枚
バター　適量
マヨネーズ　適量
チリソース　適量
パクチー　適宜

◉ 作り方

具を作る

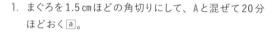

1. まぐろを1.5cmほどの角切りにして、Aと混ぜて20分
　　ほどおく ⓐ 。

2. 別のボウルで、1cmほどの角切りにしたアボカドとマ
　　ヨネーズ、レモン汁を混ぜる。

3. 1と2を混ぜあわせる。

パンにはさむ

P.18基本のはさみ方

＊ Step③でレタスの代わりに青じそを使う。

生の魚を小さく切って、
しょうゆなどで味つけしたポケはハワイの伝統食。
こよなく愛されるローカルメニューもバインミーに。

さばバインミー 🇹🇷〈トルコ〉

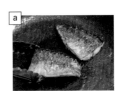
a

◉ **材料 2本分**

バインミーパン　2本
塩さば　半身
玉ねぎ(薄切り)　1/10個(20g)
こしょう　少々
レモン汁　適量
オリーブオイル　適量

なます(P.16参照)　60g
レタス(6等分にちぎる)　1枚分
きゅうり　ななめ薄切り6枚
バター　適量
マヨネーズ　適量
チリソース　適量
パクチー　適宜

◉ **作り方**

具を作る

1. さばを半分に切り、骨を取ってこしょうをふる。

2. フライパンにオリーブオイルを熱して、さばの皮目を下にして入れる。約3分中火で焼き、裏返して約2分、火が通るまで焼く[a]。

3. パンにはさむ前にレモン汁をたっぷりかける。

パンにはさむ
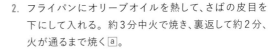

P.18基本のはさみ方

＊ Step③では、さばの上に玉ねぎをのせる。

焼きさばにレモンを搾ってパンにはさんだ、さばサンド。
トルコの人気ストリートフードを
バインミーにアレンジしました。

ジャークチキンとはカリブ海の島国ジャマイカの国民的料理。
たっぷりのスパイスとハーブが香るチキンのグリルです。
ジャマイカとベトナムが出会ったらおいしいバインミーになりました。

ジャークチキン
バインミー 〈 ジャマイカ 〉

◎ **材料 2本分**（ジャークチキンのみ作りやすい分量）

バインミーパン　2本
鶏もも肉　1枚（300g）

A　チリパウダー　大さじ¼
　　タイム　小さじ1
　　オールスパイス　小さじ½
　　塩　小さじ½
　　おろしにんにく　小さじ½
　　黒こしょう　小さじ½
　　シナモンパウダー　小さじ½
　　ナツメグ　小さじ¼
　　オリーブオイル　大さじ1

なます（P.16参照）　60g
レタス（6等分にちぎる）　1枚分
きゅうり　ななめ薄切り6枚
バター　適量
マヨネーズ　適量
チリソース　適量
パクチー　適宜

◎ **作り方**

具を作る
・・・・・・・・・・・

1. 鶏肉にAをもみこみ、1時間ほどおく。

2. 200℃のオーブンで20分ほど焼いて、冷ます a 。

3. 1cmほどの厚さに切る。

パンにはさむ
・・・・・・・・・・・・・・

P.18基本のはさみ方

＊　Step③でジャークチキンをはさむ際、
　　1本あたり50gほどが目安。

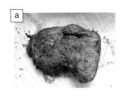
a

スブラキはギリシャの串焼きで、気軽なファストフード的存在。
ザーズィキというきゅうりとヨーグルトのソースをあわせます。
現地ではピタパンにはさみますが、バインミーパンとも相性よし。

スブラキバインミー 〈 ギリシャ 〉

◉ 材料 2本分

バインミーパン　2本
豚もも肉（かたまり）　150g
プレーンヨーグルト　70g
きゅうり（粗みじん切り）　1/2本
塩　少々

A オリーブオイル　大さじ2/3
　レモン汁　大さじ2/3
　おろしにんにく　小さじ1/3
　オレガノ　小さじ1/3
　塩　ひとつまみ
　こしょう　少々

B レモン汁　小さじ1
　塩　少々
　こしょう　少々

油　適量

なます（P.16参照）　60g
レタス（6等分にちぎる）　1枚分
バター　適量
マヨネーズ　適量
チリソース　適量
パクチー　適宜

◉ 作り方

具を作る

1. ボウルにキッチンペーパーを敷いたザルをのせ、ヨーグルトを入れる[a]。ラップをかけて冷蔵庫で3～4時間おき、水きりする。

2. きゅうりに塩をふって5分ほどおき、水けをしっかり絞る。

3. 1に2とBを加え混ぜあわせ、ザーズィキにする。

4. 豚肉をひと口大に切り、Aをもみこんで1時間ほどおく。

5. フライパンに油を熱し、水けをきった4を並べ入れる。強火で表面に焼き色をつけたあと[b]、ふたをして弱火で3～4分ほど焼く。

6. 最後にふたを取り、強火にして水けをとばす[c]。

パンにはさむ

1. パンをトースターで軽く焼き、横に切り目を入れ、下の面にバターを塗る。

2. レタス、ザーズィキの順にのせる。

3. スブラキをのせ、チリソースを塗る。

4. なますをはさみ、好みでパクチーをのせる。

肉などを煮込んだフィリピンの代表的な家庭料理がアドボ。
甘辛に酸味が効いたごはんがすすむ味わいは、バインミーにしてもGOOD。

アドボバインミー 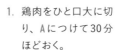〈フィリピン〉

◉ 材料 2本分（アドボのみ作りやすい分量）

バインミーパン　2本
鶏もも肉　1枚（300g）

A　しょうゆ　大さじ3
　　酢　大さじ3
　　砂糖　大さじ1½

玉ねぎ（みじん切り）　½個（100g）
にんにく（みじん切り）　1片
ローリエ　1枚

B　酢　小さじ1
　　黒こしょう　少々

油　適量

なます（P.16参照）　60g
レタス（6等分にちぎる）　1枚分
きゅうり　ななめ薄切り6枚
バター　適量
マヨネーズ　適量
チリソース　適量
パクチー　適宜

◉ 作り方

具を作る

1. 鶏肉をひと口大に切り、Aにつけて30分ほどおく。

2. フライパンに油とにんにくを入れて弱火で炒め、香りが立ったら玉ねぎを加え、中火でしんなりするまで炒める。

3. にんにくと玉ねぎをフライパンの端に寄せて、1の鶏肉をつけ汁を残してフライパンに入れ a 、中火で表面の色が変わるまで炒める。

4. 1のつけ汁とローリエを加え、弱めの中火で鶏肉に火が通るまで15分ほど煮る。

5. Bを加え混ぜる。

パンにはさむ

P.18基本のはさみ方

＊ Step③でアドボをはさむ際、1本あたり50gほどが目安。

ドイツでよく食べられているザワークラウトに使うスパイスであるクローブをなますに混ぜこんで。
ソーセージとあわせてドイツ風のバインミーに仕上げました。

ジャーマンバインミー 〈ドイツ〉

◉ **材料 2本分**（ザワークラウトのみ作りやすい分量）

バインミーパン　2本
ロングソーセージ（15㎝程度）　4本
油　適量
粒マスタード　適量

なます（P.16参照）　60g
クローブパウダー　少々
レタス（6等分にちぎる）　1枚分
きゅうり　ななめ薄切り6枚
バター　適量
マヨネーズ　適量
チリソース　適量
パクチー　適宜

◉ **作り方**

具を作る

1. なますにクローブパウダー
   を混ぜる a 。

2. フライパンに油を熱し、ソー
   セージを入れて焼き目がつくまで中火で炒める。

パンにはさむ

P.18基本のはさみ方

* Step②でバターの上に粒マスタードを塗る。

◉ **メモ**

ザワークラウトはキャベツを乳酸発酵させたもので、ドイツではソー
セージなどのつけあわせにすることが多いです。

バインミー以外にも
おいしいモノいろいろ

ベトナムの
まちごはん事情

　バインミーはベトナム全土にありますが、特に南部〜中部でよく食べられています。中でも経済的中心地のホーチミン市では、屋台の定番のバインミーから流行のバインミーまで、種類も豊富です。2015年にホーチミンのバインミー食べ歩き旅に行きましたが、その頃から店もだいぶ変わっているようなので、今度はニュータイプのバインミーを食べ歩きに行きたいと思っています。

　ヴィーガンのバインミー屋さんも少しずつ増えてきているようです。2023年にハノイで行ったお店では、豆腐で作ったパテ、ソイミート、きのこ、ナッツなどを上手に使っていました。

　余談ですが、同じくフランスの支配をうけた近国のカンボジアやラオスにもバインミーのようなサンドイッチがあり、食べた人はみんな絶賛しているので、これらもいつか現地で食べてみたいと思っています。

ベトナムで食べたバインミーいろいろ

ハノイの空港内にあるカフェで食べたバインミー。ホーローのお皿にのったオムレツバインミーのビジュアルが素敵♪

串にさして炭火焼にした肉はジューシーで香ばしい！ その香りにつられて行列ができていたのは、ハノイのホアンキエム湖近くの屋台。

港町ハイフォンの魚市場前に出ていた屋台のバインミー。ぷりぷりのさつま揚げはディルがたっぷり！ 揚げたてをはさんでくれる。

★ ベトナムの朝は多彩な屋台から

　ベトナムにはバインミー以外にもおいしくておもしろい料理がたくさんあります。

　大きな町には朝、路上に屋台が出ます。その土地によって内容は違うのですが、よくあるのは、バインミーやフォー、おこわ、おもちなど。特においしくておもしろかったのは、中南部の高原リゾート、ダラットで出会ったおこわサンドパン。炊いたもち米に甘い緑豆あんや豚のでんぶを混ぜたものをピタパンのようなパンでサンドしたもので、炭水化物だらけですが、これがとてもおいしかったのです。あれ以来どこでも巡り合うことがない幻の朝ごはんとなりました。そんなものを探すのもベトナムの朝の楽しみです。

ベトナムの麺といえば「フォー」が有名ですが、そのほかにも豊富な種類があります。緑豆春雨の「ミエン」、南部の米粉の平たい乾麺「フーティウ」、小麦粉で作った中部ホイアンの名物「カオラウ」、米粉で作った細くて丸い筒状の「ブン」……中でも私が好きな麺料理は、ハノイの名物で、炭火で焼いた豚肉や豚つくねがたっぷり入った甘酸っぱい汁につけて食べる麺「ブンチャー」や、ハノイに程近いハイフォンの名物で、かにのだし汁に海鮮やさつま揚げがのっている「バインダークア」。そしてホイアンの汁なし麺で、ゆでた麺に素揚げした麺がトッピングされている「カオラウ」。現地の人は朝ごはんに麺を食べることが多いので、朝からオープンしている店が多いんです。

　また、現地の人がよく行く店に「コムタム」という定食屋さんがあります。たくさんの種類のおかずから好きなものを選ぶと、ごはんとスープがついてきます。このおかずはどれも白いご飯に合うものばかりなので、バインミーにもきっと合うはず。いつかコムタム巡りもしてみたいです。新しいバインミーのアイデアが浮かびそうです。

私のお気に入りベトナム麺「ブンチャー」。炭火焼きの豚肉と豚つくねの入った米麺のつけ麺。

★ 花を食べる鍋に精進料理も

　ベトナムに行かないとなかなか食べられないものもたくさんあります。

　たとえば「花鍋」は、かぼちゃの花やハスの花、バナナの花など季節の食用花数種類と海鮮などを甘酸っぱいスープでさっと加熱して食べる料理。日本でこれだけの食用花をそろえるのは大変ですが、ベトナムでも容易ではないようで高級料理の部類になります。よって、ベトナムにしては値が張りますが、この花々のシャキシャキした食感はほかに代えがたいもの。ぜひ一度経験していただきたい料理です。

　ベトナムでも仏教の影響で、精進料理を食べる習慣があります。「コムチャイ」といって野菜、豆、豆腐、きのこ、ナッツ、くだものなどを使い、お店によっては魚由来のヌクマムも使いません。ジャックフルーツを甘辛く煮て豚肉に見立てたり、いちじくを揚げて鶏肉に見立てたり。なかなか日本では味わえない、フルーツを使っためずらしい料理が食べられます。動物性食品を使わなくても満足のいく味を生み出す技に感動しました。コムチャイを出すところには、現地の人が行く庶民的な店から、西洋人など外国人を意識したおしゃれなレストランまであります。日本の精進料理とはまた違ったおいしさを体験できますので、是非食べてみていただきたいです。

いろいろな食用花と海鮮などが入った「花鍋」。栄養価も高く、シャキっとした食感はやみつきに。

巨大なくだものジャックフルーツを甘辛く煮た精進料理。食感が豚肉に似ていて、食べ応えしっかり。

★ 屋台のおやつは楽しい！

アボカドにココナツミルクと練乳をあわせた、濃厚な味わいのスムージー的なドリンクスイーツ「アボカドシントー」。

　ベトナムは訪れるたびに新たな発見のある国です。それは、屋台で食べられるおやつやスナックに多いように感じます。ダラット発祥の「バンチャンヌン」は、炭火にかけた網にライスペーパーを置き、卵、ねぎ、ソーセージ、チリソース、マヨネーズなどをのせて焼いたピザのようなスナック。パリパリのライスペーパーの食感とジャンキーな味が病みつきになります。南部のビーチタウン、ブンタウ発祥の「バインコット」は、水で薄く溶いた米粉を丸いくぼみのある鉄鍋に流し入れ、えびやねぎなどの具を入れてたっぷりの油で揚げ焼きするたこ焼きのようなもの。ブンタウでは、4～5人の女性が鉄鍋を囲んでおしゃべりしながら楽しそうに焼いていました。こちらもカリカリの皮の食感とぷりぷりのえびのうまみがじゅわっとしみ出て、いつまでも食べていたいおいしさです。

　スイーツでは、「チェー」というぜんざいのようなデザートがおすすめです。これはベトナム全土で食べられます。さまざまな種類があり、緑豆、ハスの実、タピオカ、白玉団子、ライチ、仙草ゼリー、ザボン、ジャックフルーツなどが、いろいろな組みあわせで、甘いシロップやココナツミルクの中に入っています。冷たいものとあたたかいものがあります。慣れないと注文するのはむずかしいので、そんな時は「タップ・カム（＝ミックス）」と言って注文するのがおすすめ。私はベトナムに行くと毎日チェーを食べます。チェー専門店や屋台などで食べられ、屋台では好きな具材を指さして選ぶことができるものもあり、楽しいです。

　そのほかデザートには、「バインフラン」という卵とミルクがたっぷり入った練乳風味のかための
プリンや、「ケム」という種類豊富なアイスクリーム、南国のフルーツに練乳を混ぜて氷とシェイクしたベトナム版スムージー「シントー」などがあります。私のおすすめはアボカドのシントー。日本ではアボカドをスイーツとして食べることはあまりありませんが、アボカドのコクと青い香りをココナツミルクと練乳が何ともいえないおいしいスイーツに仕上げています。

　ベトナム料理は辛いものはあまりなく日本人の味覚にも合うものばかりです（辛さはたいていテーブルに置いてある調味料で、自分で調節します）。是非ベトナムに足を運んで、現地の味を楽しんでいただきたいと思います。

ライスペーパーを使ってピザのように仕立てた「バンチャンヌン」。パリパリ食感が楽しい。

「バインコット」はたこ焼きならぬ、えび焼き？のようなスナック。いくつでも食べられる！

バインコットを焼く鍋はたくさんの丸いくぼみがあって、日本のたこ焼き器そっくり。

第4章 甘〜い
おやつバインミー

バインミーはごはんとしてだけでなく
スイーツ的な楽しみ方もできるんです。
パンにはさむだけで甘〜いしあわせのできあがり。

ベトナムでは、コーヒーやプリンなどに練乳がよく使われます。
バターのコクと練乳のこってりとした甘さにピーナツのカリカリ食感は、
人をしあわせな気分にしてくれます。

練乳ピーナツバインミー

◉ 材料 2本分

バインミーパン　2本
バター　20g
練乳　40g
ピーナツ（粗くきざむ）　適量

◉ 作り方

1. パンをトースターで軽く焼き、横に切り目を入れる。

2. 断面の上下にバター、練乳を塗り、ピーナツを散らす。

あんこの甘さとバターの塩けが絶妙のハーモニー。
人気のあんバターサンドをバインミーパンで。

あんバターバインミー

◎ **材料 2本分**

バインミーパン　2本
粒あん または こしあん（市販品）　100g
バター　30g

◎ **作り方**

1. パンは横に切り目を入れる。
2. バターは冷たくかたい状態のまま5mmほどにスライスする。
3. パンにバターをはさみ、あんを塗る。

チョコもバターもかたいままパンにはさみます。
とっても簡単、でもクセになる、THE 背徳おやつ。

チョコバターバインミー

◎ **材料 2本分**

バインミーパン　2本
板チョコレート　40g
バター　30g

◎ **作り方**

1. パンは横に切り目を入れる。
2. バターは冷たくかたい状態のまま5mmほどにスライスする。
   板チョコはパンの大きさにあわせて割る。
3. パンにバターとチョコレートをはさむ。

こってりバターとやさしい甘さのバナナという黄金コンビ。
そこに、ココナッシュレッドをぱらりと加えることで一気に南国気分に。

ココナツバナナバインミー

◉ **材料 2本分**

バインミーパン　2本
バナナ　中1本
バター　10ｇ
グラニュー糖　小さじ2
ココナツシュレッド　適量

◉ **作り方**

1. パンをトースターで軽く焼き、横に切り目を入れる。

2. バナナの皮をむき、1㎝幅のななめ切りにする。

3. パンの断面にバターを塗り、グラニュー糖をふる。

4. バナナをはさみ、ココナツシュレッドを散らす。

◉ **メモ**

余裕があれば、ココナツシュレッドをフライパンで油をひかずに軽く
炒ると、より香りが立ちます。

クリームチーズのコクのある塩味と
ラムレーズンの香り高い甘さの組みあわせは大人のおやつに。
紅茶にあわせたり、お酒のおつまみにしたりも。

クリームチーズ&
ラムレーズンバインミー

◉ 材料 2本分

バインミーパン　2本
ラムレーズン（市販品）　50g
クリームチーズ（常温にもどす）　80g

◉ 作り方

1. パンの横に切り目を入れる。

2. パンの断面にクリームチーズを塗る。

3. ラムレーズンをはさむ。

◉ メモ

［ラムレーズンを手作りする場合］レーズン35gを沸騰した湯で30秒
ほどゆでてザルにあげる。キッチンペーパーでよく水分を取り、ラム
酒15mlとあわせる。冷蔵庫で2〜3日おいてから使ってください。

はちみつ
バインミー

◎ 材料 2本分

バインミーパン　2本
バター（常温にもどす）　40g
はちみつ　30g
黒こしょう　少々

◎ 作り方

1. パンはトースターで軽く焼いてから、横に切り目を入れる。

2. 断面にバター、はちみつの順に塗り、黒こしょうをふる。

◎ メモ

バターをクリームチーズにかえてもおいしくできます。

イギリス
バインミー

◎ 材料 2本分

バインミーパン　2本
マーガリン　40g
グラニュー糖　小さじ2

◎ 作り方

1. パンは横に切り目を入れる。

2. 断面にマーガリンを塗り、グラニュー糖をふる。

◎ メモ

お好みで最後にトーストすると、マーガリンがパンにしみてまた違うおいしさに。

ベトナムはこしょうの産地。
甘いものにも黒こしょうをひとふりすると、
ひと味違うおいしさに。
イギリスバインミーは、青森のロングセラーご当地パン
「イギリストースト」をバインミーのパンで再現しました。

ピーナツバターとバナナの魅惑の組みあわせ。
好みで黒こしょうをふっても◎。
おやつとしてだけでなく、朝ごはんにもぜひ。

ピーナツバターバナナバインミー

◎ **材料 2本分**

バインミーパン　2本
バナナ　小1本
ピーナツバター　25g

◎ **作り方**

1. パンの横に切り目を入れる。
2. バナナの皮をむき、縦に4等分に切る。
3. 断面にピーナツバターを塗り、バナナをはさむ。

バインミーを
もっと楽しむなら

おうちで
ベトナムカフェ気分

ホイアンのカフェ。いくつも飾
られた街のシンボル、ランタン
に、夜になると明かりが灯って
幻想的な雰囲気に。
Photo: Panuwat Dangsungnoen

忙しい毎日を送っていると、生活が雑然としてしまいがち。でも気分転換にカフェに行ってのんびりする時間もない……。そんな時、バインミーをさっと作って、自宅でつかの間のベトナム気分にひたってみるのはいかがでしょうか。

左／ハノイの雑貨
店の奥にある人気
の隠れ家カフェ。
右／フロアごとに
雰囲気が違うレト
ロな店内。

いつもは食パンなどで作るサンドイッチをバインミーにかえるだけでも、ちょっとした非日常感を演出することができます。あまり手間をかけたくないときは残りものや市販品を活用した簡単レシピ（本書の第1章）、じっくり料理がしたい気分なら本格レシピ（第2章）や世界のレシピ（第3章）をどうぞ。

家族や友人たちとのホームパーティにもバインミーは活躍してくれます。バインミーのパン、お好みの野菜、なます、数種類のメインの具、パクチーなどのハーブを用意すれば、手巻き寿司スタイルで各自が好きなものをサンドするバインミーパーティに！ いろいろなオリジナルバインミーが作れて、楽しいパーティになりますよ。さほどがんばらなくても、いつもとはちょっと違ったおもてなしができます。

ベトナムでチェーン展開している「コン・カフェ」。店内から店員の制服まで1980年前後の配給制度時代のイメージで統一されていて、そのノスタルジックさが大人気。

　余裕があれば食器などにこだわって、ベトナムっぽくスタイリングしてみてはいかがでしょうか。お皿は、ホーローのものがおすすめです。今は残念ながらベトナム産のホーローは手に入りにくくなってしまい、あったとしても高価なものになってしまいました。でも、タイ産のホーローなら、雑貨屋などで比較的手ごろな価格で売られているので手に入れやすいと思います。ホーローのちょっと懐かしいレトロな感じは、バインミーをぐっと引き立ててくれるんです。量販店などで売っているレトロな花柄の食器や、くすんだグリーンのお皿などもベトナムっぽさを演出できます。

　実際に、ベトナムの首都ハノイでは、古い建物を生かして、フロアごとに少しずつ雰囲気を変えたレトロなカフェが人気です。また、ベトナムの主要都市に展開している人気のカフェは共産主義がコンセプトで、やはりこちらもレトロがキーワードのようです。

　そのほか、鮮やかなプラスチック製のお皿や小さめのザル、木製のお皿などに紙ナプキンをあわせたり、バナナの葉のような大きな葉っぱを敷いたりしても現地っぽくなります。ちょっと懐かしい感じの花柄のクロスやナプキン、ラタン（籐）のランチョンマットなどもエスニック感が出て素敵。本書のスタイリングもぜひ参考にしてみてくださいね。

　さらに、おうちカフェなら飲みものなどを何でも好きなものと組みあわせられるのもいい点です。スープなら、市販のわかめスープを規定量よりも多めのお湯で溶いて、ちょっとだけヌクマムと黒こしょうを加えパクチーを添えれば、一気にベトナムの香りに。そのほかベトナムビールやベトナムコーヒー、ハス茶などベトナムでよく飲まれているものは、もちろんバインミーによく合います。輸入食材店などで手に入りますのでお試しを。簡単にできて日本ではあまり見かけないベトナムのドリンクレシピも次ページでご紹介しますので、ぜひ試してみてくださいね。

ホイアンのカフェ。ベトナムのコーヒードリッパーでゆっくりとコーヒーをドリップ。

おうちバインミーは、赤いトリミングがかわいいベトナム製のザルにペーパーを敷くと俄然ベトナム気分に！

ベトナム気分が UP する

現地のローカルドリンク

ハノイで生まれたデザート感覚のコーヒードリンクです。
意外な組みあわせですが、甘さ、苦さ、酸味の絶妙なバランスを
ぜひ一度体験してみてください。飲む時によくかき混ぜてどうぞ。

ヨーグルトコーヒー

Cà phê sữa chua

カフェ・スア・チュア

◎ **材料 270mlのグラス1杯分**

プレーンヨーグルト　100g
練乳　60g
インスタントコーヒー　大さじ2
熱湯　50ml
氷　100g

◎ **作り方**

1. グラスにヨーグルトと練乳を
   入れて混ぜておく。

2. 氷を厚めのビニール袋に入
   れ、めん棒で叩いて粒を小さ
   くする。

3. インスタントコーヒーを熱湯で
   溶かし、1に注ぎ、2を入れる。

ベトナム南部ホーチミンでよく飲まれている、
さっぱりとした酸味がさわやかなドリンクです。
現地ではスライスアーモンドが入っていることもあります。

タマリンドジュース

Nước đá me

ヌック・ダー・メー

◉ **材料 270mlのグラス1杯分**

タマリンドペースト　小さじ3
砂糖　大さじ1½
水　120ml
氷　100g

◉ **作り方**

1. グラスにタマリンドペーストと
   砂糖、水を入れてよく混ぜる。

2. 氷を入れてよく混ぜる。

◉ **メモ**

お好みで水を炭酸水にするとタマリンド
ソーダになります。

主な食材別インデックス

Photo: Rie Yamanashi

有我エリ　Eri Ariga

管理栄養士・バインミー研究家。料理教室や保育園（栄養管理）、大手食品メーカー（広報・メニュープランナー）など勤務を経てフランス・アルザス地方にパン留学。製パンとフランスの食文化を学ぶ。帰国後はパンコーディネーターとして活動。2015年鎌倉に「エリぱんサンドイッチ」を開くと、バインミーがたちまち人気商品に。2020年に満を持してバインミー専門店「エリぱんの旅するバインミー」を開店。並行してパン教室も主宰している。

◎ **エリぱんの旅するバインミー**
神奈川県鎌倉市御成町8-41

ブログ　　　https://ameblo.jp/alsacepan/
Facebook　　@エリぱんサンドイッチ
Instagram　 @eri_pan_

撮影
佐藤朗(felica spico)

撮影アシスタント
佐藤香代子

スタイリング
綱渕礼子

スタイリングアシスタント
加賀城早希

調理アシスタント
松島ゆうこ
高橋良子

器協力
大木しのぶ(ルイポーセレン)
UTUWA

デザイン
大井綾子(FROG)

イラスト
井竿真理子

校正
坪井美穂

編集
西村 薫

2023年9月20日 初版発行

著者
有我エリ
© 2023 Eri Ariga All rights reserved.

発行者
山手章弘

発行所
イカロス出版株式会社
〒101-0051
東京都千代田区神田神保町1-105
電話　03-6837-4661(出版営業部)
メール　tabinohint@ikaros.co.jp(編集部)

印刷・製本所
図書印刷株式会社

Printed in Japan